LETTRE

A UN FRANÇAIS

SUR

UNE QUESTION D'ÉTAT,

CONVERTIE

EN PROPOSITION D'INDEMNITÉS.

LETTRE

A UN FRANÇAIS

SUR

UNE QUESTION D'ÉTAT,

CONVERTIE

EN PROPOSITION D'INDEMNITÉS.

PAR BOUCHER DE COURSON,

CHEVALIER DE SAINT-LOUIS.

PARIS,

PÉLISSIER, LIBRAIRE, PLACE DU PALAIS-ROYAL ;

DENTU, IMPRIMEUR-LIBRAIRE, PALAIS-ROYAL, GALERIE DE BOIS

ET TOUS LES MARCHANDS DE NOUVEAUTÉS.

1824.

LETTRE

A UN FRANÇAIS

SUR UNE QUESTION D'ÉTAT,

CONVERTIE EN PROPOSITION D'INDEMNITÉS.

Vous m'avez demandé, mon loyal compatriote, de vous faire connoître mon opinion sur la question d'indemnité qui doit être portée à la discussion des Chambres. Je vous soumets mes observations sur ce sujet. Je me livre à l'espoir que vous les reconnoîtrez raisonnablement motivées.

Avant d'aborder la matière que je me hasarde à traiter, je dois vous prévenir, que je ne considère la mesure proposée, que d'après son rapport général ; je prends la question comme ayant été posée à une époque déjà éloignée, mais n'ayant pu être suivie, la force des circonstances s'y étant opposée.

Je n'hésite point à me prononcer contre le

projet tel qu'on le présente ; selon moi, les bases en sont trop vicieuses.

Cette courte digression vous paroîtra peut-être intempestive, elle n'est que raisonnable. J'ai assez étudié la question sous tous ses rapports, pour me croire assuré de l'avoir bien pesée, je suis dans une entière conviction.

Je ne vous le dissimulerai point, ce travail m'a été difficile ; vous le préjugerez sans doute facilement, si vous vous pénétrez de toutes ces considérations qu'il m'a fallu garder.

Pour faire cesser l'étonnement dans lequel vous jetteroit ma conduite apparente, sur-tout d'après la connoissance que vous pouvez avoir de mon caractère, il est une particularité dont je dois vous prévenir.

Avant de me déterminer à livrer ce travail à l'impression, j'ai senti que j'avois un devoir à remplir, celui de mettre le Monarque à même de se faire donner connoissance des moyens qui y sont proposés.

Je sais qu'il n'est pas positivement permis à un sujet qui tient à rester exactement sur la ligne des devoirs, de traiter isolément des matières d'intérêt général, lorsqu'il est notoire que le Souverain en fait actuellement un objet de sa sollicitude.

N'ayant aucune facilité directe pour déposer.

sur les degrés du Trône cet écrit, j'ai réclamé certaine assistance que je croyois pouvoir m'être propice. Mes démarches ont été infructueuses.

Alors me croyant fort de ma bonne intention, je me suis déterminé à tout soumettre au jugement de l'opinion publique.

Je passe à l'examen de la question.

Elle doit être envisagée sous trois rapports : d'après le droit des gens, le droit politique, le droit civil.

Les principes qui découlent de ces pactes d'ordre social se lient tellement entre eux, qu'ils fournissent par l'analyse de leurs dispositions relatives, des moyens victorieux contre la proposition.

En système de gouvernement, ce qui est reconnu par trop préjudiciable, est de droit réputé inadmissible.

Ce serait se montrer enivré d'un paradoxe trop fallacieux, que de paroître partager cette opinion énoncée à la tribune de la chambre des députés, dans une des dernières sessions. La France nouvelle, a-t-on dit, ne peut plus se lier avec la France ancienne.

Cette allégation est par trop systématique. Pour organiser les innovations, il faut emprunter à la vieille monarchie tous ces principes qui, s'appuyant sur les temps, surent à toutes les époques triompher des erreurs.

Si l'on consulte les annales de notre histoire, on est forcé de convenir, que , *quant aux droits*, il ne peut plus exister aucune distinction exclusive du bénéfice de la loi, entre les Français réunis sous le sceptre du souverain.

Durant les gouvernemens de fait qui se sont succédé , la distinction a pu exister. Il fallait alors , que le chef de l'État restât le maître du sort , comme de l'état politique , des Français auxquels il avoit conditionnellement accordé la faculté de séjourner en France.

Alors , aucun des Français rentrés-n'avoit réellement le droit de se considérer aux mêmes prérogatives que les régnicoles. Mais aussi pour tous, l'état de révolution existoit encore; aucun pouvoir n'étoit fondé , rien n'étoit légal.

Du jour où les droits de la couronne ont été reconnus par tous ; du moment où la pancarte de la révolution a été unanimement adhirée ; depuis que l'État est régi par ces lois, soutiens du pacte social , toute injustice auroit dû être réparée. C'est lorsque le niveau de la justice pose également, que l'on peut dire : la tourmente est finie.

C'est une absurdité révolutionnaire, de considérer comme ayant porté les armes contre là patrie , ceux qui ont tenu pour le parti du Souverain ; toutes les décisions prises contre eux , ou à leur préjudice dans les temps, furent illégales; le triomphe de la légititimé les frappe de nullité.

Quelques esprits qui tiennent à se montrer toujours irascibles , avancent que de cette maxime *væ victis* , il résulte un droit assez durable pour annuler aujourd'hui encore , les justes réclamations de ceux qui d'abord furent victimes.

Pour combattre cette assertion , sans doute il suffiroit de dire que son intention n'est plus dans le cœur d'aucun Français ; mais pour contraindre ceux qui veulent encore propager ce système, à l'abandonner , que la voix publique leur adresse cette question , qu'ils soient sommés d'y répondre. A quel pouvoir dans l'État pourroit appartenir la prérogative de tirer avantage actuellement de cette dure condition, *malheur aux vaincus ?*

Au moment où le Monarque a ressaisi les rênes , il a dans sa longanimité donné à connaître à tous, qu'il ne vouloit se prévaloir des circonstances à l'égard de nul de ses sujets. Alors le Souverain auroit pu prononcer *devicto dat leges devictor.* Sur qui la loi se seroit-elle appesantie ?

Machiavel , qui fait de cette maxime un moyen de force pour le conquérant, recommande de n'en point faire usage à la suite des guerres civiles. Son avis mérite attention. *« On les peut estimer (ces mesures) bien exer-* » *cées , si l'on peut dire bien du mal, quant* » *elles se commettent une seule fois comme par* » *nécessité de s'assurer, tâchant de se mettre* » *hors de plus grand inconvénient; et cela fait* » *que l'on n'y persiste plus, au contraire, l'on* » *s'efforce de faire ressortir ce mal à l'augmen-* » *tation et accroissement du bien public »* (1).

Sans rappeler ces époques des temps de malheurs, de ces guerres intestines, si l'on se reporte au règne de Henri IV, on voit qu'alors les ligueurs portèrent les décisions les plus désastreuses contre ceux qui tenoient pour leur roi. Confiscations des biens , spoliations, condamnations motivées sur le prétexte de port d'armes contre l'État, furent pratiquées ; ce système dura aussi long-temps que les troubles. Au retour de l'ordre, les droits positifs furent reconnus ; les dépossédés rentrèrent dans la jouissance de leurs propriétés , à moins d'impossibilité absolue. Les pertes furent réparées, on rentra sous l'empire du droit des gens.

______

(1) Voyez *du Prince* , par Machiavel , chap. **VIII.**

On peut avancer, sans doute, que ce qui fut déclaré possible du temps de Henri IV, doit être reconnu impraticable dans les circonstances actuelles, sur-tout d'après la situation positive des choses. Cette vérité, quoique d'une bien funeste conséquence, est raisonnablement incontestable. Mais qui pourroit démontrer que de cette circonstance toute impérieuse il naît des motifs assez puissants pour restreindre les droits de ceux qui furent victimes de mesures aussi illégales que condamnables.

Les dépossédés ne peuvent plus être considérés comme propriétaires; leurs biens ont été dévorés par la tourmente révolutionnaire, les moyens de recouvrer sont anéantis; mais aussi par la nature même de ce fait, ils sont devenus créanciers de l'État. L'État est absolument le vrai débiteur, car, et ceux dont il a pris la propriété, et ceux auxquels il l'a vendue, peuvent également lui dire : Vous avez reçu de nous.

Quel publiciste impartial, quel jurisconsulte intègre, quel administrateur de bonne foi, oseroit avancer que l'État n'est pas réellement débiteur ? Sur quel principe de droit public s'appuieroit-on, pour démontrer le solide d'une telle assertion.

S'il demeure incontestable que l'État est le

débiteur , ce ne sont point des indemnités qui doivent être accordées à ceux qui peuvent exercer contre lui le droit de créanciers. Les sommes prises doivent être remboursées.

L'article soixante-dix de la loi qui nous régit actuellement, consacre seulement le principe de l'anciènne ; il porte : *Toute espèce d'engagement pris par l'État avec ses créanciers est inviolable.*

En vain voudroit-on subtiliser dans cette question , en vain prétendroit-on se rendre fort *de l'article dix* de la nouvelle loi, pour faire prévaloir le système d'indemnités ; sa disposition légale ne se rapporte pas au cas.

S'il étoit possible qu'on alléguât ainsi la cause d'intérêt public , ceux à qui on a pris auroient encore le droit de dire au gouvernement: Exigez le sacrifice des propriétés acquises, et pour nous les rendre ; donnez les indemnités aux acquéreurs, ils y perdront moins que nous : ils auront eu la jouissance durant le temps que nous en sommes restés privés.

Mais pour combattre le captieux de ce système , une seule observation suffit : en France, le droit public est encore sous la garantie de l'ancien serment de nos rois.

Le point de la question demeure tout entier dans cet axiome d'équité : *Si la créance est positive, l'engagement est irrécusable.*

Pour agir en toute justice, il faut donc pro-céder à une liquidation régulière, et à laquelle les parties intéressées seront autorisées à in-tervenir pour défendre leurs droits ; alors on pourra réellement établir ce qui est légalement dû à chacun des dépossédés.

Nos neveux, pour qui tout ce qui tient à l'action de notre révolution sera effacé, de même que l'est pour nous ce qui a tenu au mouvement de la ligue, auront lieu d'être étonnés, lorsqu'ils se seront assurés que même après le rétablissement du pouvoir légitime, il a été apporté par l'administration une exac-titude plus scrupuleuse à liquider des créances dues à des hommes, pour la plupart promo-teurs des malheurs de l'Etat, qu'elle n'a mis de soins à se montrer équitable envers ceux qu'une force reconnue destructive avoit fait tomber dans une trop pénible infortune.

Mais n'anticipons pas sur le droit des ré-flexions.

Sans condamner les personnes, sans accuser les intentions, qu'il soit au moins permis de former cette demande. D'après quel principe comprend-on dans une même et seule ca-tégorie les *Émigrés*, les *Condamnés*, les *Dé-portés*? Comment les confond-on pour la me-sure que l'on se propose d'effectuer? Assurément, envers la raison, la non similitude est frappante : l'équité, la justice, doivent déter-miner les différences.

Si l'on s'arrête à la lettre comme à l'esprit de ces décrets qui furent rendus dans les temps, on est forcé de reconnoître que les intentions des spoliateurs ont été différentes à l'égard de chaque condition.

Il est inutile sans doute de rapporter ici ces décrets. Il faut se borner à forcer de reconnoître les différences des positions.

Les Emigrés peuvent être considérés comme ayant prêté leurs biens au Trône : on peut même avancer que le prêt a été volontaire ; car la faculté de s'y soustraire est restée en-tière pendant un temps. Leurs droits à des ré-clamations ne peuvent donc dater que de l'é-poque du rétablissement du Monarque.

Les condamnés ont été victimes d'une pro-cédure inique. La confiscation de leurs biens est une monstruosité, comme leur supplice fut une atrocité. L'innocence de ces victimes étant reconnue, leurs héritiers ont droit à jouir des avantages que les lois prononcent relativement aux confiscations mal acquises ; et l'on doit agir à leur égard comme on le pratiquoit, sous l'ancien régime de nos rois, envers les familles des réhabilités ; ces familles, dont les descendants sont aujourd'hui marquants dans l'Etat.

Quant au régime à suivre pour régler le droit des Déportés, peut-être seroit-il plus difficile de le déterminer d'après un principe légal. Cependant, on trouve dans les édits de pacification de Charles IX, et de la régente, des dispositions basées sur des maximes en politique, et d'après lesquelles il seroit peut-être convenable de prononcer.

Cette nécessité de faire une distinction entière des situations, prend sa source dans la nature même des faits. Elle doit encore être déterminée par le calcul de ces conséquences : conséquences que le jugement peut prévoir, tout en s'abstenant de les indiquer.

Après avoir placé chaque classe des créanciers de l'Etat sur la ligne qui doit lui être convenable, ne peut-on pas faire cette demande ? Pourquoi les chambres seroient-elles appelées à prononcer sur la validité de la créance ? En vertu de quel pouvoir agiroient-elles dans cette occurrence ? Par qui seroient-elles constituées pour juger ? Seroit-ce par le débiteur, ou les créanciers ? Dans l'une ou l'autre supposition, la puissance législative se trouveroit environnée d'un danger.

D'après le droit des gens, le droit politique, le droit commun, la cause est jugée.

Si le Roi, par qui la révolution a été terminée, a pu, dans la plénitude de son pouvoir, décider que toutes les dettes de la révolution seroient acquittées, son successeur a incontes-tablement la faculté de reconnoître les droits des créanciers du trône.

Toute dette n'est véritablement éteinte que par le paiement de la somme due. Une indemnité accordée ne satisfait pas à cette condition, sur-tout si le débiteur est resté le maître d'en fixer les propositions.

Selon les dires qui sont propagés, et même d'après quelques écrits, le moyen des indemnités auroit été adopté.

Il est possible, sans doute, que cette combinaison, toute fiscale, ait été élaborée par l'administration; mais il est sûr aussi que le Souverain ne peut y donner son approbation. Elle est trop en opposition aux principes de cette justice distributive qu'il sait si bien répandre sur tous ses sujets.

Comment seroit-il concevable que la même administration qui, tout récemment encore, a fait offre à des créanciers qui ont profité des circonstances, de les rembourser, valeur intégrale, de sommes immenses qui n'ont produit au gouvernement que soixante-cinq pour cent au plus, terme moyen, et dont il a payé

exactement les intérêts, peut se croire en droit
de contraindre les dépossédés à ne recevoir que
des quotités arbitraires, pour des valeurs dont
la jouissance, sans aucune charge, profite à
l'Etat depuis trente ans? durée qui, en tout
état de cause, a réellement augmenté d'un capital et demi chaque capital reçu.

Ne craignons pas de le prononcer, ce système seroit par trop subversif de tous les principes. Son introduction, dans les moyens fa-
cultatifs du gouvernement, deviendroit assurément dans la suite d'une conséquence dangereuse pour la couronne.

Lorsque Henri II décida que la ville de Paris
serait ceinte d'une ligne de fortifications, assurément la mesure étoit bien d'intérêt public;
beaucoup de propriétés durent alors être sa-
crifiées, mais le souverain ne s'attribua pas le
droit de prononcer sur les sommes auxquelles
les dépossédés pouvoient avoir droit de prétendre. Son ordonnance, rendue sous la date
du 28 février 1552, porte en substance : « Le
» prévôt des marchands et échevins de notre
» ville de Paris convoqueront, en l'hôtel com-
» mun, les gens du conseil d'ycelle, ceux de
» nos cours souveraines, corps, colléges et
» communautés, tant d'église que séculiers,
» pour adviser aux moyens plus aisés de pro-

« céder au faict de ladite fortification. » Assurément, il n'entre pas dans ma pensée de me
montrer en opposition aux prérogatives du
pouvoir souverain. Sujet soumis, je vois
dans la personne du monarque le *summus
dominus ;* mais je crois que vouloir donner au
droit une extension forcée, c'est lui nuire.

_ A l'appui d'un système qu'un écrivain habile
cherche à faire prévaloir, il cite les ordonnances
du Louvre.

Mais indiquer une collection, ce n'est pas
apporter une preuve : seulement, c'est faire
connaître les sources où l'on peut puiser la
conviction. Je dois le dire, celle que j'ai acquise
détruit l'assertion.

Sous Henri III, en 1588, durant la tenue des
états de Blois, le souverain voulut faire vendre
une partie déterminée des forêts de la couronne. Le motif étoit de se procurer de l'ar-
gent pour subvenir aux frais d'une guerre in-
testine, qui commençoit à exercer ses ravages.
Assurément, dans cette circonstance, la mesure étoit d'intérêt général. Le tiers état ne voulut pas admettre la proposition ; il se refusa
formellement à consentir la vente ; le roi in-
sista ; il pria même au nom du salut de l'Etat.
La résolution fut maintenue, et l'ordonnance,
déjà rédigée dans le conseil, ne sortit pas à

effet. Le *summus dominus* laissa fléchir la prérogative sous l'empire de la loi fondamentale.

On cite souvent l'Angleterre ; les novateurs, les partisans des monarchies représentatives, en font la contrée classique.

D'après le droit commun de ce pays, le gouvernement reste à la merci du propriétaire pour l'acquisition, comme pour le loyer d'un objet quelconque, dont l'intérêt public réclame la possession.

Cet Etat paie des sommes énormes pour le loyer de certains ports nécessaires à la marine royale ou marchande. Pour faire jouir les habitans de Londres d'une promenade publique, le gouvernement a été obligé de souscrire à des conditions onéreuses que lui impose le propriétaire du terrain.

En Russie, l'ukase du souverain pour semblables matières, porte que l'administration *s'entendra avec les propriétaires.*

Mais pourquoi multiplier des citations qui tendro'ent à démontrer que le système d'indemnités n'est pas admissible, une seule raison suffit pour le renverser ; elle est toute puissante. Comment prouveroit-on la mesure d'intérêt public ? A quelle époque les circonstances l'ont-elles réellement déterminée ? A-t-elle commencé lors des saisies ? S'est-elle établie lors des ventes ? Faut-il lui donner pour date certaine l'instant du paiement? Le Roi se refuseroit à cette disposition ; autrement sa volonté annuleroit celle de son prédécesseur.

Les actes du règne de Louis XVIII fournissent preuves irrécusables, que l'intention du Monarque fut, que tout ce qui pourroit être dû aux dépossédés leur seroit intégralement payé; non-seulement il l'a prononcé dans cet article, où il garantit les droits des créanciers de l'Etat, sans distinction de titre, mais il l'a proclamé par son ordonnance du 8 décembre 1814. *Tout ce qui n'est pas vendu doit être rendu.* Tels sont les termes de la disposition principale.

L'administration peut-elle se soustraire à une volonté d'équité royale, promulguée, et si clairement énoncée? Mais la chose due est la propriété du créancier, comme pouvoient l'être ces forêts, ces hôtels, ces maisons, enfin, tous ces objets qui ont été recouvrés.

Si, dans cette occurrence, on n'a pas exigé de nouveau sacrifices de ceux dont les droits ont été reconnus fondés, d'après quel principe en imposeroit-on à ceux à qui l'on rend dix ans plus tard.

La pensée du restaurateur de la monarchie

fut que toujours la loyauté devoit dicter les
stipulations des engagements de l'Etat. Cette
impassible résignation, qui le porta à se servir
même des écarts de l'esprit de parti, pour obtenir du temps les moyens de ramener tous ses
sujets sous l'empire des lois et de la justice, en
fournit une preuve, qui demeurera dans tous
les âges un monument irrécusable. La fidélité
peut se pénétrer de cette vérité; qu'il lui soit
permis de l'énoncer.

Mais de quel droit le Gouvernement déter-
mineroit-il la quotité de la somme qu'il enten-
droit de payer? Est-ce celui contre lequel on
peut avoir action, qui est partie capable pour
imposer les conditions.

Reportons-nous pour le cas extraordinaire,
qui fait l'objet de la question, aux temps où le
Parlement de Paris jugeoit les contestations
qui s'élevoient entre ses Rois et les autres Sou-
verains feudataires de la couronne; que le
droit d'appeler le Gouvernement devant la première cour de justice soit reconnu aux Dépossédés. Il est d'intérêt public que les Français
laissent à l'intégrité de leurs magistrats à prononcer l'arrêt qui devra régler les parties.

La confiance doit être entière, nos Rois ne

portent pas l'épée dans les séances royales, ou, comme juges, ils sont les arbitres du sort de leurs sujets.

C'est contre le Gouvernement que le recours peut réellement être entier. Les acquéreurs ne sauroient être appelés en cause. Pour cette matière, le droit public se fonde en France sur une loi observée chez les anciens peuples: Nous la tenons des Lombards. Elle devint loi de l'Etat sous le règne de Lothaire. A cette époque, où les fiefs commencèrent à devenir propriétés héréditaires, et où trop souvent le vassal se trouvoit dépossédé par des emparc-mens de vive force, exercés par le suzerain. Ce n'est point contre l'acquéreur qu'elle autorise le recours, mais contre le vendeur. *Res alie-nas si quis cui libet vendiderit* (1). « Celui qui » a vendu doit restitution du prix de la chose » vendue, d'après l'estimation de sa valeur » connue. Si le vendeur en a tiré un prix moin-» dre, c'est que la valeur a été dépréciée par » la mesure dont il s'est rendu le maître. »

Le refus formé, par des Dépossédés qui se croiroient par trop lésés, d'accepter les con-ditions qui pourroient leur être imposées , suffit pour assurer la conservation de leurs

____

(1) Voyez *les Capitulaires.*

droits. Aussi long-tems qu'il n'est pas intervenu jugement légal , ils restent maîtres dans
leurs intérêts ; s'ils y tiennent , l'avenir pourra
leur rendre ce que le présent léur refuse.

Cette raison subsidiaire conduit nécessairement à une question. Depuis quelle époque fe-
roit-on courir la prescription de temps pour le
droit de réclamation ? Légalement , elle n'a
commencé à avoir force que du jour du rétablissement de la monarchie.

Selon la loi *de vasselage*, *de sujétion*, prescription ne court pas contre l'absent à la suite
de son seigneur, en guerre sous ses ban-
nières, pour sa défense et le soutien de ses
droits (1).

Il n'y a point de prescription de temps pour
se pourvoir contre une injustice commise à
l'égard des personnes ou des choses, par la volonté du plus fort. Nos annales politiques ,
comme celles de jurisprudence, font mention
de réclamations en ce genre, accueillies soit
par la couronne, soit par les cours de justice ,
plus d'un siècle après l'envahissement ou la
confiscation (2).

La couronne d'Angleterre a rendu , dans ces

(1) Voy. *Chopir*, *du Dom. de Fr.*, coutumes de Paris ,
1563.

(2) Voyez *Bodin* , rep., l. 1-6.

derniers temps, des biens pris sur des Irlandais qui étoient passés en France avec le roi Jacques.

L'Autriche a restitué à la famille Berchigny des biens confisqués lors des troubles de Hongrie.

Indemnités volontaires pour les propriétés envahies, sans qu'il soit fait mention des rentes séquestrées, tel paroît être le système adopté par l'administration.

Comment le Gouvernement pourroit-il se prétendre dispensé de comprendre, dans la mesure des restitutions, les possesseurs, par contrat, dont la fortune étoit assise sur des engagemens librement contractés par des Congrégations, des Etablissemens, reconnus propriétaires, et fondés sous la garantie de la foi publique?

Qui pourroit soutenir que leur avoir a été anéanti par la force des événemens?

Faut-il donc assimiler la révolution française à ces commotions aussi horribles que désastreuses de la nature, qui, ébranlant la terre jusque dans ses fondemens, replongent dans le chaos et les habitants et le sol productif des contrées qu'elles désolent.

Sans entrer dans de longues dissertations,

pour démontrer que les droits des possesseurs de rentes se continuent, sans s'appuyer de ce principe du droit des gens, qui s'oppose aux exceptions à l'égard de ceux qui sont réellement égaux en droits, pour démontrer l'injustice du projet, il suffit de le combattre, à l'aide d'une vérité incontestable. Ces rentes n'ont été ni vendues, ni détruites, seulement elles sont demeurées séquestrées.

Par le sénatus-consulte, intervenu depuis l'époque de la saisie, il est prononcé : les biens non vendus seront rendus, excepté les forêts... et *les rentes perdues par confusion*, etc.

Mais si l'on donne au mot confusion sa plus rigoureuse acception, on est forcé de convenir qu'en système d'administration, comme en éléments physiques, l'effet de la confusion est de suspendre l'action, mais non d'opérer la destruction d'un objet. Dans tout état de convulsion, il y a suspension d'action positive et durable, mais les moyens de la reproduire demeurent, et si l'état actuel annulle la faculté instantanée, la possibilité réelle se rattache à l'avenir.

Ceux qui, aujourd'hui encore, siégent dans les conseils, et qui tenoient plus ou moins directement à l'administration, lorsque la remise en possession des biens non vendus fut prononcée, ne pourroient disconvenir, sans doute, que, dans ces circonstances, le chef du Gouvernement s'étoit réservé la faculté de séparer de l'état de confusion les rentes qu'il voudroit rétablir en faveur de leurs anciens possesseurs.

Pour prouver l'exactitude de cette assertion, il suffira sans doute de rappeler que, dans ces temps, plusieurs décrets suprêmes furent accordés pour réintégrer dans leurs droits de jouissance des propriétaires de bois dont la propriété avoit été confondue par agglomération.

Depuis le rétablissement de la monarchie, l'ordonnance du 8 décembre 1814 a prononcé la restitution entière de tous les biens restés libres, et non tombés en possessions tierces par voie d'acquisition, ceux-là ayant été déclarés définitivement aliénés par l'article 9 de la loi; article qui n'a réellement aucune connexion avec celui qui le suit; et est moins susceptible, par cela même, de prêter à des interprétations.

On peut donc soutenir que, conformément aux intentions expresses du Souverain, les rentes doivent rentrer dans les mains de leurs titulaires. La confusion n'existe pas plus pour les registres matricules du ministère des finances, qu'elle n'étoit de fait, par suite de l'occupation d'hôtels, de maisons, livrés à des éta-blissemens publics.

Il faut le dire, il existe peut-être réellement une cause d'empêchement moral pour la resti-tution des rentes. Si l'on devoit s'arrêter à cer-tains bruits qui circulèrent lorsque le *fait de confusion* fut annoncé comme motif suffisant pour que le Gouvernement conservât ce qu'il reconnoissoit avoir pris et non vendu ; il y auroit eu, dans les temps de troubles, des transpositions de noms opérées sur les registres de finances, et par suite maintenues lors de la confection du Grand-Livre.

Si les vrais propriétaires avoient été autori-sés à se présenter pour réclamer leurs rentes, alors les fraudes auroient nécessairement dû être reconnues, et le droit de poursuite pour le recouvrement de la chose injustement rete-nue étant dans la loi, il en seroit résulté de graves inconvénient. Les temps étoient trop rapprochés.

Le calcul que fit alors sans doute le Gou-vernement paroîtroit fonder encore la résolu-tion de l'administration.

Mais les circonstances ne sont plus les mêmes.

Aujourd'hui, aucun motif ne doit être re-connu suffisant pour empêcher l'Etat d'opérer un acte d'équité. Le Gouvernement ne peut se dispenser de rendre des rentes qui sont tombées dans le domaine de la chose publique par saisies, ou qui sont devenues à sa charge, parce que des remboursemens auroient été reçus dans les temps, sans même s'inquiéter de vérifier si le débiteur avoit droit de se libérer, ou quel étoit le véritable propriétaire des capitaux que la mauvaise foi cherchoit à dénaturer.

Si l'on dressoit un état exact, un relevé de la quotité des rentes à reconnoître, en les soumettant toutefois à la réduction déterminée du tiers consolidé, on seroit peut-être plus étonné encore de la résolution qui tend à annuler les droits des véritables propriétaires.

Si, en admettant la restitution des rentes par le moyen d'inscriptions, il étoit possible de penser qu'il pourroit être élevé des contestations relativement à la différence à établir entre les rentes déclarées, par titres, *rachetables, remboursables, constituées, perpétuelles ;* alors peut-être il deviendroit nécessaire de prouver ce que nos anciennes lois prononcent à ce sujet; mais, pour le moment, aborder cette question seroit au moins superflu. Seulement, il faut poser le principe.

Les ordonnances de nos Rois, rendues en

conseil, ou sur la demande des Etats-Généraux, prononcent : *Toute rente constituée, est remboursable.*

C'est se livrer aux erreurs d'une fausse doctrine, d'établir que la mesure facultative du remboursement de toute rente n'a été adoptée que dans le courant du seizième siècle.

Les ordonnances de François Ier, de Henri II, sur cette matière, attestent le contraire. On y remarque ces motifs : *les Rois nos prédécesseurs ayant déclaré.*

En effet, il seroit facile de rapporter les décisions de Charles VII, données en novembre 1441, celles de Philippe VI, portées en novembre 1343, et d'autres qui remontent à des époques plus reculées.

La faculté du remboursement des rentes, ainsi que celle du rachat (ce qu'il ne faut pas confondre) ont été admises dans notre droit public dès le douzième siècle. La pratique en est devenue générale au commencement du treizième, sous le règne de saint Louis, lors des croisades. Les villes, comme les particuliers, furent autorisés à se racheter des rentes perpétuelles ou de sujétion ; les Croisés furent reconnus maîtres de rembourser les sommes qui auroient été empruntées par contrat de rente.

.Il est des propriétés d'un autre genre, que la révolution a annulées, et qui doivent être rendues. Leur destruction n'a rien produit; la restitution deviendroit réellement profitable à l'État. Elle seroit sans doute avantageuse aux intérêts du Gouvernement, de même qu'elle pourroit lui être vraiment utile dans son système d'administration.

On peut donc réclamer, sans craindre d'éveiller de justes alarmes; l'envahissement n'a pas frappé seulement des privilégiés, il a dérobé à toutes les classes, il a saisi indistinctement par-tout où il a trouvé.

Les *patronages laics*, les *fondations conditionnelles*, furent de tout temps reconnus propriétés acquises à titre onéreux. Elles furent toujours comprises au rang des possessions transmissibles.

La prérogative de présenter un sujet pour tenir une cure, desservir une église, ou de disposer d'un nombre déterminé de lits dans un hôpital, n'est autre chose que la jouissance d'un revenu acquis , c'est celui d'un fonds productif.

Jamais cette faculté ne fut réservée, ou accordée seulement, à une classe privilégiée : tout régnicole libre pouvoit se rendre fondateur, et tout fondateur eut toujours la prérogative de dicter la condition de la donation, autant que ses intentions ne blessoient pas les dispositions du droit public. Ce genre de propriété entroit à tel point dans la catégorie des biens fonds, qu'une fois la donation déter-minée, aucune cause ne pouvoit la rendre nulle. *Fondations faites au profit d'églises, ou d'hôpitaux, ne peuvent être révoquées par motif d'engagemens subséquens. L'héritier doit répondre au lieu où le fondateur a promis de payer* (1).

En France, les lois civiles ont toujours été d'accord sur ce point avec les lois ecclésias-tiques.

Sans se livrer à une longue dissertation pour démontrer combien est exacte l'assertion avan-cée, il suffira sans doute, pour prouver que le principe est incontestable, de rapporter en substance des passages des ordonnances rendues sur cette matière, et qui appartien-nent aux règnes de Charles VIII, de François Ier, de Henri III.

Celle de 1492 porte : « Pour garantir ceux » qui ont droit de patronage, de perte et an-» nihilation qui sont préjudiciables à tous, » parce qu'elles tendent à décourager, à

____

(1) Voyez *Remontrances de Lebret.*

» dévoyer les bonnes et dévotes créatures qui
» se sont restreintes de plus faire donations,
» fondations, ni augmentations à l'église,
» nous, pour ces causes....... voulons
» que....... *le maintien du droit*(1). »

Par l'ordonnance de 1532 : *Patronage est une propriété, le droit se conserve, se transmet, s'acquiert* (2).

Celle de 1579 : « Sur ce qui nous a été
» remontré, qu'il se commet plusieurs abus
» contre le vouloir et intention des fonda-
» teurs ; avons déclaré, statué, qu'à l'advenir
» les fondations ne seront altérées, ains main-
» tenues et gardées suivant l'intention du fon-
» dateur (3).

Si le droit de conquête, si la prise de pos-session des provinces, si les lois sur les con-fiscations n'ont pu, à aucune époque, ôté aux possesseurs des patronats, aux fonda-teurs des donations pieuses, leur propriété, est-on réellement autorisé à ne pas opérer toute restitution possible. Si la volonté op-posée ne peut prononcer, que deviendroit donc alors ce droit, la propriété? L'adminis-

(1) Voyez *D'Argenterai.*
(2) Voyez *D'Ericourt.*
(3) Voyez *Recueil des Ordonnances.*

tration voudrait-elle se l'arroger ? Le danger serait extrême, pour le faire apercevoir, il suffit sans doute de le signaler. Oseroit-on concevoir cette idée, que la révolution peut en doter la couronne ? La raison se refuse à une telle pensée, elle fait outrage au Monarque.

Si l'on considère la question sous le rapport des finances, la restitution des patronats est utile à opérer.

Le Gouvernement est aux droits de toutes les congrégations du clergé régulier qui, en France, sont éteintes. Ces congrégations possédèrent dans beaucoup de lieux des patronats. Il est facile a en démontrer la cause. Leurs propriétés étoient très-étendues, ils avoient fondé un grand nombre d'églises, de chapelles ; leur intérêt personnel leur avoit prescrit de se déclarer collateurs, pour ne pas reconnoître le droit qu'auroient prétendus les Evêques : celui de disposer des nominations.

Si le gouvernement se décidoit à vendre ces droits patronats, dont il peut disposer, n'est-il pas à présumer que des particuliers devenus gros propriétaires, feroient volontiers des sacrifices, pour acquérir une prérogative qui, tout en les mettant à même de coopérer à une

mesure d'utilité publique , tendroit à environ-
ronner de considération eux , et leurs héritiers.

Que d'endroits dans les campagnes sont sans
pasteurs, et qui ne seroient pas réduits à un
état d'abandon aussi désastreux, si la desserte
de leur église étoit à la disposition d'un propriétaire du canton. Au moment de la révolution , on comptoit, en France, quarante mille
paroisses, le nombre des chapelles étoit plus
du double; ce n'est pas se livrer à une supposition exagérée, d'avancer qu'il existoit plus
de trente mille patronats.

La civilisation rétrograde en France ; cette
vérité est malheureusement démontrée incontestable, par l'énormité même des crimes qui
se commettent. Le gouvernement doit-il laisser
échapper cette possibilité d'arrêter le mal, ou
de s'opposer à ses progrès ? Multiplier l'institution des patronats, est un moyen dans les
circonstances actuelles ; ce moyen se compose
d'une faculté à exercer, et d'une mesure d'é-
quité à remplir.

La révolution fut la cause immédiate et réelle
de maux incalculables sans doute ; mais plus
long-temps on laisse subsister les traces des ravages qu'elle a faits, plus on ajoute aux malheurs de l'événement. *Fermez les plaies! La*

religion, la morale se présentent, elles réclament votre secours ; elles vous indiquent ce
que vous devez , ce que vous pouvez faire pour
elles ; s'il est important de se montrer juste
envers des victimes restées depuis tant d'an-
nées dans un état de souffrance, il est indis-
pensable de remettre debout les institutions
pieuses et utiles. Les erreurs de l'esprit phi-
losophique ne peuvent véritablement annuler
ces combinaisons d'ordre prescrites par la
raison. Plus l'imagination de l'homme se laisse
emporter à des écarts, plus l'ame fait d'efforts
pour le ramener sous l'empire des pensées régulières.

Le philosophe de Ferney , dans ses écrits ;
s'est déchainé contre les prêtres , contre la religion ; mais lorsque le desservant de l'église
de sa terre est mort, il s'est empressé, usant
de son droit de patronage, de le remplacer par
un pasteur de son choix, et dont les vertus
inspiroient le respect, comme elles comman-
doient la vénération.

Pour combien de familles ne seroit-il pas
réellement avantageux de recouvrer le droit
qu'elles avoient de disposer d'un certain nombre de lits dans tel ou tel hôpital? Il est inutile,
sans doute, d'environner de réflexions cette
assertion; il faut se borner à soutenir que la
propriété doit être rendue.

Si l'on pose en principe que l'on doit rendre tout ce qu'il est légalement possible de faire recouvrer ; la conséquence prouvée sera que l'administration ne peut rien conserver de ce dont elle est encore saisie. Continuer à le retenir absolument, c'est en frustrer les propriétaires ou ayans-cause; c'est maintenir l'œuvre du mal; c'est prolonger le régime des spoliations.

Il ne suffit pas d'annoncer la bonne volonté de réparer, il faut, lorsqu'on en a la faculté, faire loyalement usage des moyens. S'il en est autrement, les plaies ne seront pas cicatrisées; seulement elles seront mal fermées, et dèslors, devront rester plus ou moins saignantes.

S'il faut en croire le dire général, le désir de réparer serait unanime dans le conseil; la volonté prononcée par le Monarque que la France vient de perdre, auroit dirigé la résolution de tous les membres appelés à délibérer sur cette grande question. La difficulté réelle pour opérer le bien, se rencontreroit, dans cette impossibilité de disposer de sommes aussi considérables que celles jugées nécessaires pour couvrir les dommages, sans surcharger les contribuables d'une manière trop onéreuse.

Ce motif, de première considération, sans

doute, aurait été jugé assez puissant pour porter l'administration, au lieu de satisfaire à l'acquit complet et équitable de la dette, à n'accorder seulement, et à titre d'indemnités, que des sommes proportionnelles, établies d'après le produit des ventes, calculé suivant les époques du paiement des acquisitions.

Si ce système de liquidation étoit définitive-ment adopté, s'il pouvoit être consenti par les parties intéressées, il en résulteroit incontesta-blement que deux propriétaires du même can-ton, dépossédés par la même mesure, se trou-veroient dans le cas d'obtenir des conditions de recouvrement toutes différentes; les épo-ques de vente de leurs biens n'ayant pas été exactement les mêmes; cependant, pour eux, la privation du droit dateroit du même jour.

Ce ne peut-être d'après le montant des ventes que chaque somme due par l'Etat peut et doit être réglée, mais d'après la valeur connue, ou fondée, des objets employés.

Le principe de toute justice est, que le débi-teur demeure toujours redevable des valeurs qui lui ont été fournies, quel que soit le pro-duit qu'il ait pu en retirer par fait de sa propre gestion.

Si l'on se reporte à l'époque du système de

Law, on acquiert la preuve que, dans ces temps, l'Etat a payé, valeur intégrale, dés sommes considérables, qui auroient péries dans ses mains par la seule force des choses. Considéré seulement sous le rapport d'administration en finance, on peut dire qu'aujourd'hui l'Etat n'est autre qu'il étoit alors, et le moyen du Gouvernement doit encore s'appuyer sur le droit public.

Mais supposons que la mesure des réductions soit admise, sur quelle échelle établira-t-on la dépréciation successive des assignats? Assurément, pour les particuliers, les assignats ont été annulés par suite d'une diminution progressive de là valeur représentative, mais, au fait, le Gouvernement a-t-il éprouvé une perte réelle? *Les assignats, qu'étoit-ce?* Ce qu'est tout papier-monnaie, une valeur idéale et de crédit versée dans la circulation. La matière n'ayant aucune valeur intrinsèque, l'émission n'avoit été nullement onéreuse.

Si, dans les transactions où l'Etat a figuré comme créancier, il n'a pas reçu de valeurs réelles, les particuliers n'ont fait que lui retourner des sommes dont lui-même avait fixé la quotité représentative, et qu'il avoit émises, pour satisfaire à ses engagements.

Mais pourquoi paroître suivre une discussion,

sur cet objet? La question est décidée ; elle l'a été par une décision, qui même fût-elle révoquée, ne pourroit perdre pour l'action du droit, *la force de chose jugée.*

Pour ramener toutes les opinions à la même solution de cette difficulté, il sufûra sans doute de rapporter textuellement les dispositions légales qui s'y rattachent.

Arrêté relatif aux acquéreurs de domaines nationaux, du 22 prairial an 10.

Les consuls de la république,

Vu la réclamation d'un grand nombre d'acquéreurs de domaines nationaux, antérieure à la loi du 28 ventose an 4, contre une décision du ministre des finances du 16 frimaire an 7, de laquelle il résulte :

1°. Qu'à partir de la publication de ladite loi du 28 ventose, les assignats par eux versés dans les caisses publiques, n'ont pu être admis que pour le trentième de leur valeur nominale.

2°. Que les mandats, par eux également versés dans lesdites caisses postérieurement à la loi du 29 messidor an 4, ne doivent leur être comptés qu'au cours.

Considérant qu'aux termes des lois, les acquéreurs de domaines nationaux antérieurs à celle du 28 ventose an 4, ont pu valablement se libérer du prix de leurs acquisitions en assignats et mandats, valeur nominale, jusqu'à l'époque de leur démonétisation respective.

Le Conseil-d'Etat entendu, arrêtent :

Art. 1er. Tous les paiements faits par les acquéreurs de domaines nationaux dont les acquisitions sont antérieures à la loi du 28 ventose an 4, en assignats ou mandats, valeur nominale, tant que les papiers-monnoies ont été en circulation, sont déclarés valables; en conséquence, toute décision est annulée.

Signé *le premier consul.*

Si cette décision porte avec elle un caractère d'inviolabilité, comme cela est incontestable, les sommes réellement dues doivent s'élever à un total bien plus considérable que celui porté dans les tableaux énonciatifs qui ont été produits. Outre qu'il est loyalement impossible de donner aux biens vendus d'autres estimations que celle de leur valeur connue, on sera légalement empêché de rendre les Dépossédés passibles de la dépréciation des assignats, des mandats, pas plus que de leur démonétisation.

Une autre conséquence, qui résulte de l'arrêté cité, c'est que l'administration ne peut réellement comprendre, dans une seule et même catégorie, ceux devenus créanciers à différents titres, et qui, par la nature même des faits qui leur sont propres, forment différentes classes.

Des personnes qui tiennent à se montrer raisonnablement opposées à toute idée de discussion, se rendent fortes de cette objection. Si la dette contractée par l'Etat est portée à sa somme réelle, si le vouloir d'acquitter ce qui est positivement dû, prévaut sur le système d'indemnités proportionnelles, il est incontestable que, par suite, les charges se trouveront trop aggravées. Cette considération est-elle d'un poids suffisant pour se dispenser d'être juste ? A qui appartiendrait le droit de la prononcer, le Monarque s'y refusant ?

Mais au lieu de hérisser de difficultés un acte d'administration devenu nécessaire, ne vaut-il donc pas mieux chercher un moyen de concilier les intérêts ? n'est-il pas possible de reconnaître les droits des créanciers ? ne peut-on pas ménager la fortune de l'Etat ?

Pourquoi, dans cette circonstance, ne pas prendre encore exemple du passé ? pourquoi ne pas acquitter la dette en prenant des époques de paiemens, en déterminant les moyens de satisfaire aux engagemens ?

Par exemple, si l'on admet qu'il sera dû douze cents millions, ne peut-on pas en payer actuellement une partie seulement, et prendre des termes pour s'acquitter du reste?

Fournir un titre valable aux créanciers, c'est déjà leur rendre une portion essentielle de leur fortune; c'est assurer leur avenir, les mettre à même de pourvoir à l'établissement de leur famille; c'est les soustraire à l'état actuel de misère. Situation d'autant plus véritablement douloureuse, qu'étant par trop prolongée, elle contraint ceux qui en sont les victimes à descendre du rang où ils se trouvoient placés dans l'ordre social.

Pour assurer l'exécution de ce moyen, il suffiroit peut-être de former une caisse d'amortissement *ad hoc*, et de déterminer la durée de son exercice, en fixant les époques de remboursement.

Les ressources pour doter cet établissement, de manière à ce qu'il puisse atteindre le but de son institution, existent, et elles sont dans les revenus de l'Etat, sans qu'il soit besoin d'ajouter aux charges des contribuables. Seulement il faudroit apporter une économie judicieuse dans le système des dépenses. Procédé reconnu facile par ceux qui examinent avec soin sur quelle échelle fictive elles sont établies.

Peut-être est-il nécessaire de faire sentir

quels avantages résulteroient pour la chose publique que la Caisse d'amortissement à établir, n'eût aucun rapport, même conventionnel, avec la Caisse d'amortissement existante.

Ces deux institutions étant réellement fondées pour être utiles à des vues différentes d'administration, leurs opérations ne peuvent pas se lier. Celle qui doit servir à opérer des remboursements destinés à des porteurs de titres certains et à échéances fixes, doit nécessairement avoir ses fonds disponibles aux époques de paiements. Elle se verroit en danger de manquer aux engagements, si son mouvement la mettoit dans le cas de se livrer à un jeu journalier et accidentel.

Pour prouver le dangereux d'une telle combinaison, il suffira sans douté de faire observer que, par l'effet de l'état constant des négociations à la Bourse depuis un an, la Caisse d'amortissement perd réellement un capital sur cinquante, pour donner cours à ses opérations; et que, de plus, par suite de son système d'achat, elle diminue d'un millième les capitaux qu'elle destine à se remplir.

En présentant une telle objection, il est aisé de prévoir qu'elle deviendra l'objet d'une controverse prononcée. Pour parer d'avance à toute allégation , il suffit de poser une proposition arithmétique.

La Caisse d'amortissement achète journellement et depuis un an au cours de cent-deux et au-dessus, ce qui réellement ne vaut pour l'Etat qu'un capital de cent francs ; il y a donc positivement deux pour cent de sacrifices , ou un capital sur cinquante , et cela , en pure perte.

Le cours le plus cher est celui auquel la Caisse fait journellement ses opérations. En admettant seulement une différence de dix centimes entre le terme le plus élevé et le prix moyen , il demeure incontestable que la différence amoindrit d'un millième chaque capital.

Cette explication annulle toute réplique.

En produisant ces réflexions, l'intention ne peut être de critiquer des combinaisons qui , sans doute, sont jugées comme devant être avantageuses aux intérêts de l'administration. Le dessein est d'amener seulement à reconnoître qu'une telle manière d'opérer seroit préjudiciable pour des propriétaires qui auroient un droit formel à toucher des sommes intégrales et à des époques fixes. Lorsqu'une perte est réelle , il s'en suit naturellement qu'il faut qu'elle soit supportée par quelqu'un.

Mais au lieu de se concentrer dans un système

de pertes ou d'indemnités; au lieu de selivrer à
des calculs qui ne peuvent présenter pour ré-
sultat, que des désavantages positifs ou ré-
ciproques, ne vaudroit-il pas mieux s'attacher
à découvrir s'il ne reste pas quelques moyens
de se procurer des ressources légales, des ressources assez amples pour assurer la diminution des charges que l'on se voit dans la nécessité de créer.

L'administration actuelle a-t-elle portée
un regard scrupuleux sur tous ces matériaux
de spoliatiou, a-t-elle attentivement consulté
ces archives des temps de désordre; s'est-elle
positivement assurée que tout ce qui a été pris
a été vendu, que tout ce qui a été vendu a été
payé, que tous les paiements ont été effectués
conformément aux conditions imposées par la
loi alors régissante.

Que veut la justice? Que tout ce qui est reconnu légal soit déclaré inviolable.

Que veut l'équité? Que chacun ait le sien,
rien que le sien.

Ces maximes se lient aux dispositions de
notre droit public, comme à celles de nos lois
civiles. Si on leur reconnoît une force d'action
agissant même dans les temps de malheurs,
on ne peut raisonnablement en induire que
ces conséquences : tout acquéreur qui a acheté

des propriétés dites nationales, qui les a payées sous la garantie de l'Etat, est incontestable-ment propriétaire imcommutable. Tout posses-seur d'un immeuble quelconque, qui ne peut fournir preuves comment il a obtenu le droit de propriété, reste par cela même assujetti à tout action en revendication qui peut être lé-galement exercé contre lui.

Si, avant de s'étudier pour unir le *présent à l'avenir;* on le considère comme *lié encore avec le passé*, alors, on est à même de reconnoître que même avant le retour d'un système d'ordre complet ; la pensée de l'administration fut de rechercher les fraudes. La conservation de la fortune publique en avoit fait sentir la néces-sité.

Cette décision émanée du conseil d'état sous la date de 10 pluviôse an 11, en fournit la preuve. Elle porte : *les consuls ont reconnu que le remboursement de rentes ou de capitaux faits à la république en assignats, postérieure-ment à la loi du 20 messidor an 3 , et en m3ndats après celle du 20 messidor an 4, doivent être validés.*

Alors donc il fut jugé que l'Etat pouvoit user du droit de revenir par des mesures subsé-quentes, sur des opérations censées accom-plies.

A cette époque, l'administration avoit obtenu une connoissance exacte de tous les moyens préjudiciables employés du temps de la convention, pour annuler les preuves de fraudes. Par ses propres données et aidée du travail de ses fonctionaires publics, elle se mit en mesure de surmonter toutes les difficultés. La résolution de réclamer ne fut assurément arrêtée qu'après la certitude acquise des avantages considérables qu'elle procuroit au trésor. Son premier objet fut de spécifier cette différence à établir, entre *la confusion légale*, *et la confusion purement idéale*.

Il résulte des malheurs de la révolution, deux vérités essentielles dans l'état actuel des choses.

La première, que de masses énormes de biens ont été vendues à vil prix. La seconde, que des propriétés considérables qui furent d'abord réputées saisies passèrent et sont demeurées depuis, entre les mains de détenteurs qui profitent de la jouissance, sans avoir acquis le droit de propriété.

Il est démontré, par suite des opérations cadastrales, qu'il doit existor, *quant aux biens nationaux*, des possesseurs par simple *appropriance*. Les différences entre la contenance communales , et les totalités parcellaires réunies se sont trouvées exorbitantes.

Toutes les constitutions qui se sont succédé depuis celle de l'an trois, ont garanti la paisible jouissance des acquisitions réelles, aucune ne s'est déclarée protectrice des *appropriances.*

En l'année 1804, l'administration de l'Etat laissa publier par le cardinal Cambacérès, alors archevêque de Rouen , une lettre apostolique donnée par le légat *à latere* , le cardinal Caprara. Elle portoit cette décision remarquable : Les possesseurs de biens dits nationaux *peuvent les retenir légitimement.*

Si l'on s'arrête à la lettre de cette déclaration, si on se pénètre de son esprit d'ordre, il demeure constant qu'elle n'avoit rapport qu'à ceux qui pouvoient être réputés possesseurs par *appropriance.* D'après les lois de l'équité même la plus rigide, on n'est pas *censé retenir* ce dont on a de droit la jouissance ; mais bien réellement en toute justice, celui-là *est réputé retenir*, qui conserve la jouissance sans le droit.

La révolution , puisant son pouvoir dans la force et non dans la loi, s'est emparée de toutes les propriétés ecclésiastiques, biens du Clergé , patrimoine de l'Eglise ; la spoliation a été générale, comme sans distinction de. titre, ni de situation.

Sans rattacher à la question de finances ce qui a rapport à la spoliation des biens de l'Eglise, il est permis de le dire : les annales d'aucun peuple ne présentent l'exemple d'un tel désordre. Sans doute la nécessité de porter une loi destinée à réparer, ne peut tarder à être sentie; les circonstances la réclament impérieusement : il ne peut entrer dans les conditions de notre pacte social, que le Souverain de la monarchie, ainsi que les sujets, continueront à demeurer sous le poids d'un sacrilége également condamné, et par la religion, et par la foi publique : le patrimoine de l'Eglise reste placé sous ces deux garanties.

Rentrons dans la question de finances.

Le Clergé régulier possédait des biens considérables; les anciennes Congrégations n'existent plus en France ; une seule demeure exceptée (Malte). Pour le droit de propriété, l'Etat a incontestablement succédé à ces Congrégations. Ce qui n'appartient plus à personne rentre naturellement dans le domaine public : il devient l'*héritier direct*.

Outre les biens produisant des revenus, les ordres religieux possédoient des propriétés non productives. C'est dans cette catégorie qu'il faut comprendre tout ce qui formoit le *manoir de la communauté.*

L'ensemble de tous les grands établissemens représentent des valeurs incalculables.

Chaque Couvent avec ses dépendances occupoit une superficie très-étendue. Quiconque a vu debout ces Monastères et leurs antiques monuments, demeure convaincu de cette vérité; qui examine leurs ruines, s'en peut faire une idée.

Tous ces terrains, tous les bâtimens qui les recouvroient ont-ils été réellement vendus, ont-ils produit à l'Etat des sommes approximatives de leur valeur.

Que l'imagination se reporte à ces temps de Vandalisme, et la raison fait aisément cesser le doute.

Quelles étoient alors les personnes placées à la tête de l'administration ? Des violateurs de tous les principes. Quels étoient les hommes chargés d'opérer les ventes? Des malheureux enclins à favoriser tous les désordres. Que disoit l'autorité à ceux qui se présenteroient pour acheter ? Demandez pour détruire, on vous donnera. Le décret qui prononce la destruciion des châteaux, des églises, pour construire des maisons aux nécessiteux, demeure encore comme document irrécusable des spoliations.

Combien de communes qui, à cette époque, se sont mises en possession par *appropriances* d'établissemens déclarés être à leur convenance. Combien d'autres les ont achetés à des sommes par trop modiques.

Partout il y a eu dol, parce qu'en tout la révolution vouloit la fraude.

Si, depuis son origine, le mal est demeuré sans qu'il y soit remédié, c'est que pendant bien long-temps trop d'intérêts sont restés liés à la révolution. Ce n'est que successivement que differents mobiles les en ont détachés. Aujourd'hui ils se réunissent tous à la monarchie.

L'Etat étant devenu l'héritier légal *du clergé régulier*, qui réellement n'est plus ; le gouvernement peut-il absolumeut se refuser à exercer le recours qu'il est en droit de suivre pour cause de lésion ? Peut-il frustrer les contribuables d'une mesure qui leur deviendroit essentiellement avantageuse ? Peut-il faire remise gratuite de sommes perdues par suite de spoliations, et devenues nécessaires pour subvenir à des charges constantes ?

La question de *rescision* à exercer par l'Etat pour cause de lésion , *quant aux propriétés du clergé régulier*, est d'une si haute importance, qu'il ne peut être permis à un particulier d'y rattacher son opinion ; *cette discussion appar-*

tient aux chambres, elles peuvent s'éclairer des avis des plus habiles comme des plus in-tègres jurisconsultes.

Après une révolution qui, dans ses paroxi-mes, a tout bouleversé, les mesures d'ordre, même celles reconnues les plus nécessaires à mettre en usage, demeurent encore long-temps des propositions problématiques.

S'il est admis que les droits de l'Etat, en tant qu'il est devenu héritier nécessaire, n'ont pas périclité, il s'ensuit que la prescription de temps ne peut valablement être opposée. Alors, il devient aussi incontestable, que le Gouvernement se verra dans le cas de recou-vrer des sommes bien plus considérables, qu'on seroit porté à se l'imaginer au pre-mier aperçu.

Un calcul, trop idéal, peut-être, les repré-sente à plus d'un milliard; par le laps de temps, et aux termes de la loi, elles se forment de deux capitaux, celui du fonds, celui du revenu accumulé.

Une commission nommée *ad hoc*, et qui, dans son travail, seroit éclairée de tous les moyens fournis par l'administration, parvien-droit facilement à donner le tableau des som-mes réelles à revenir.

A quelles époques a-t-on négligé, après des

temps de troubles, d'adopter des mesures nécessaires pour que l'Etat ne demeura pas vic-
time des erreurs qui avoient pu être commises
par l'ignorance, la mauvaise foi, ou conçues
dans le dessein de nuire.

Les Cours des comptes ne furent à leur origine que des chambres de révision pour causes
accidentelles.

Les réclamations légales porteront princi-
palement contre les grandes villes, de même
que contre les communes plus ou moins riches
qui, dans les temps, ont retiré un profit réel
des circonstances.

Que l'on réfléchisse de quel nombre prodi-
gieux de communautés la France étoit cou-
verte. Il est inutile de faire naître l'étonnement; il suffit d'éveiller l'attention. Que de ri-
chesses ont disparu.

Le droit de recours procurera la faculté de
former des réclamations régulières contre ces
bandes noires, que la révolution a gorgées de
tant de millions, parce que tout démolisseur se
montroit un vrai coryphée du système révolutionnaire.

Si l'on pose en principe que les établisse-
ments *cloîtriers*, situés dans un arrondissement
quelconque, ne sont pas demeurés *des appar-
tenances locales*, mais que devenus la propriété

de l'Etat, ils font partie de son domaine : alors on peut avancer comme exacte cette assertion : la ville de Paris demeure redevable de plusieurs millions.

En vain les villes contre lesquelles la revendication auroit lieu, objecteroient qu'elles se sont emparées des objets *à leur convenance pour utilité publique*. La contestation seroit vicieuse. Il y a une différence légale entre le droit d'utilité communale et le droit d'utilité publique. La première reste toujours à *la charge des manants et habitants des lieux*.

En vain on chercheroit à objecter, dans l'intérêt des particuliers, que les biens ont été dénaturés, qu'ils ont changé de possesseurs, il est par trop notoire que, rarement, le recours résultant du droit de prescription s'exerce contre le premier détenteur. La loi reconnoît la *prescription séculaire*, même aussi celle *indéfinie; l'Etat, quant aux droits, est toujours mineur*.

Le droit du Souverain saisit entre les mains de qui il trouve, sur-tout lorsqu'il s'agit de reprises à exercer dans l'intérêt général ou de l'Etat. Ce principe est développé dans les Capitulaires de Charlemagne.

Les dispositions des articles 1117, 1118, 1304 et suivants de notre Code Civil, règlent quelle action peut être suivie contre le dol.

Outre les ressources en finances que le Gouvernement se donneroit, par suite de ces restitutions légales qu'il obtiendroit sur les *appropriances*, il se procureroit encore d'autres avantages réels, il se créeroit des facilités utiles pour s'acquitter envers ceux dont les créances sont incontestables; il pourroit aussi profiter de la nature même de ces ressources, pour diminuer l'influence si dangereuse du système de centralisation.

Sans doute, on peut avancer que le paiement de la dette, qui devient en ce moment l'objet de la sollicitude du Monarque, est susceptible d'être réparti dans chaque département, dans chaque arrondissement.

S'il demeuré reconnu que les villes principales, les chefs-lieux de cantons, sont réellement redevables envers l'Etat, l'évaluation des sommes étant déterminée, le gouvernement ne pourroit-il pas consentir à ce que les villes convertissent en rentes à rembourser sur elles-mêmes les sommes dont elles seroient déclarées débitrices?

Que ces rentes constituées au denier vingt soient divisées en valeurs d'intérêts de différentes quotités; alors l'Etat pourra remettre à ses créanciers un contrat productif équivalant en capital à la somme due. Chaque créancier verra son sort véritablement amélioré ; il se trouvera, par le fait, dans le cas de demeurer en rapports constants avec les lieux où ses biens étoient situés. Quel avantage ! quels moyens de prospérité n'en résulteroit-il pas pour les familles.

Ces rentes étant constituées en remplacement d'immeubles, seroient déclarées valeurs immobiliaires ; elles demeureroient assujetties à l'impôt foncier : par cela même elles ne pourroient jamais être confondues avec celles établies sur l'Etat.

Instituées sous la garantie *de la parole royale*, seulement susceptibles d'être remboursées par les villes sur qui elles seroient créées, jamais elles ne seroient soumises aux combinaisons de l'administration publique.

Si la mesure de revendiquer contre les *appropriances* est possible, elle doit être exercée. Pourquoi ne seroit-elle pas saisie ? A qui seroit-elle réellement préjudiciable ? Le droit de recours ne suit-il pas ? En dernier effet, sur qui porteroient les charges résultantes ? sur la révolution. Où la force a nui, la loi doit réparer.

BOUCHER DE COURS……

Imp. de J. M. Chaignieau fils, rue des Vieux-Augustins, n.º 8.